나를 찾는 지혜

풍경소리 ❶

글 • 풍경소리 | 전각화 • 고암 정병례

발간사

우리네 삶의 평화를 이루는…

풍경소리가 시민들에게 부처님 가르침에 근거한 좋은 말씀을 제공한지도 어언 9년여의 시간이 흐르고 있습니다. 그 동안 풍경소리 내용을 엮어서 1,2권을 발행하고 이제 다시 1권을 증보하여 발행한다고 하니 세월이 유수와 같음을 여실히 느낄 수 있습니다.

풍경소리는 시민들에게 바쁜 생활 속에서 잊고 살았던 작은 깨달음을 다시 살리는 역할을 자임하여 활동하여 왔고 어느 정도 그 성과를 인정 받고 있습니다. 이는 항상 관심을 기울여 주시는 풍경소리 독자 여러분과 풍경소리 가족 여러분의 사랑에 의해 가능할 수 있었다고 생각합니다.

지금 우리 사회에는 세대간 계층간 소통과 교류가 되지 않아 많은 문제들이 발생하고 있습니다. 소통과 교류는 자신이 먼저 마음을 열지 않고는 가능한 일이 아닙니다. 타인과의 관계에서 생기는 정신이나 물질의 모든 문제들이 나로부터 연유되는 것임을 잘 살펴 알지 못하면 남과의 관계를 잘 이끌어 나가기가 쉽지 않습니다. 자신을 돌아보는 일로부터 참고, 용서하는 자세가 나와 남의 관계

를 이어주고 이 사회를 평화로 이끌어 줍니다.

　풍경소리 활동을 통해 바라는 바가 우리들 삶에 평화의 밑거름이 되는 것이었습니다. 많은 사람들이 풍경소리의 법음을 통하여 삶의 자각과 변화를 맛보았다는 이야기를 전해 들은 바 있습니다.

　자신을 돌아보는 일로부터 참고, 용서하고 마침내 우리가 스스로 평화를 만들어 가는 길에 작은 소리로 다가와 울리는 풍경소리가 있음에 더 없는 행복을 느낍니다.

　모쪼록 이번에 탄생되는 풍경소리 개정증보판을 통해 우리네 삶이 더욱 평화롭고 윤택해지기를 기원해 봅니다.

2007년 6월 삼각산 도선사에서

풍경소리 대표이사 회장 선묵 혜자 손모음

개정판을 내며

마음으로 다시 듣는 풍경소리

세상에 맑은 뜻을 전하고 싶나는 신념으로 출발한 지 어언 십여년의 세월이 흘렀습니다. 과분하게도 여전히 사람들로부터 뜨거운 지지와 관심을 받고 있습니다. 하루가 다르게 세상이 급변하고 있다고들 하지만 풍경소리의 발걸음은 변함이 없기 때문에 지지와 관심을 받는 것이 아닐까 싶습니다. 풍경소리가 추구하는 것은 사람들에게 느림의 미학, 조율의 미학을 전해주는 것입니다.

세상이 바쁘게 돌아간다고 해서 자신의 마음까지도 그렇게 빠른 걸음으로 간다면 내가 누구인지 자신이 무엇을 하고 있는지 망각하기 십상입니다. 조금은 느린 걸음으로 가다보면 자신의 내면을 들여다 볼 수 있으며, 자신이 가고 있는 길이 바른 길인지 아닌지도 알 수 있지 않나 싶습니다.

풍경소리를 읽는 그 짧은 시간동안 탐욕과 미움과 성냄을 내려놓을

수 있어 좋다는 독자의 전화를 받았을 때, 또 사소한 일로 친구와 다투고서 몇 년 동안 서로 연락을 하지 않았는데 풍경소리를 읽고서 먼저 친구에게 전화를 하였다는 사연을 전해 들었을 때, 또 일상에서 일어나는 많은 것에 불평을 하고 남을 원망하였는데 그것이 다 자신의 탓임을 알았다는 독자의 전화를 받을 때면 보람을 느낍니다.

복잡한 지하철 역사의 한 컷을 차지하고 있는 것이 결코 헛되지 않음을 새삼 느끼게 됩니다.

개정판을 내게 되어 감회가 새롭습니다. 개정판을 내면서 15편의 원고를 더하여 모두 75편의 글을 엮었습니다. 글 하나하나가 빛나는 보석이 되고 큰 울림이 되기를 원합니다. 읽을거리가 좀더 풍성하였으면 좋겠습니다.

편집위원회

차례

발간사 4

개정판을 내며 6

첫번째 풍경소리
늘 떠나면서도 늘 머물러 있는 바람같이

해법 13 | 증거 14 | 장군과 찻잔 17 | 지금 18 | 두 가지의 나 21

인내 22 | 물과 보약 25 | 완벽한 짝 찾기 26 | 마음 28

인생의 일기 29 | 행복과 불행 30 | 약속 32 | 관성과 멀미 34

꼬리와 머리 37 | 마음의 평화를 원하면 38 | 내려놓게 39

함정 40 | 병 속의 새 43 | 복과 근심 44 | 한 생각 바꿨더니 47

어머니의 마음 48 | 잘못 50 | 번뇌하는 그대여 51

도(道)는 어디에 있습니까 52 | 처음 그것 54

자신을 들여다 보라 56 | 오줌 누는 자갈 57

두번째 풍경소리
무성한 숲만이 온갖 새들을 다 품을 수 있다

개에게 우유를 먹이는 방법 60 | 석류이야기 62 | 크고 좋은 것 65

좋은 벗 66 | 꿈 69 | 큰 뜻 70 | 달밤 71 | 노력 72

우물에 뜬 달 74 | 차 맛 76 | 악처 79 | 가슴을 적시는 샘물 80

아름다운 관계 82 | 열쇠와 자물쇠 83 | 초대 85 | 따뜻한 손 86
행복한 기다림 89 | 지혜로운 가르침 90 | 젓가락 92
멀리가는 향기 93 | 부드러운 사람 94 | 궁핍 96 | 너구리 새끼 98

세번째 풍경소리
비워야 채울 수 있다

하루를 살듯이 102 | 땅에서 넘어진 자 105 | 뭣하러 106
고승의 등 107 | 실천 109 | 영안실에서 110 | 안전거리 113
공 114 | 어리석은 나그네 117 | 우리 집의 주인은 누구인가? 118
이밖에 더 무엇을 120 | 세상살이 121
세상의 모든 풀이 약초이듯이 123 | 자신의 심지를 굳건히 하라 124
수레와 소 126 | 거울 128 | 나누면 남는다 129
화합을 일구는 배려 131 | 그물에 걸리지 않는 바람같이 132
비워야 담는다 135 | 어머니와 할머니 136 | 걸어서 갈게요 139
성패의 갈림길 140 | 뒷간을 단청하랴 142 | 자비 143

첫번째 풍경소리

늘 떠나면서도 늘 머물러 있는 바람같이

해법

아들이 어렸을 적에 바닷가에 데리고 나간 적이 있습니다.
"아빠, 바다의 끝은 어디예요?"
"저기 끝에 보이는 수평선보다도 더 먼 곳에 있단다."
집에 돌아올 때쯤 되어서야 나는 우리가 서있던 해변이
바로 '바다의 끝' 이었음을 깨달았습니다.

어려운 문제를 만나 고뇌하고 있다면
자신의 발밑을 한번 눈여겨 보십시오.
해법은 의외로 가까운 곳에,
바로 자기에게서 발견하게 될지도 모르니까요.

이영일 | 수필가

증거

여러 친구가 방에 모여 잡담을 하고 있었습니다.
오늘따라 A라는 친구가 빠졌습니다.
어떤 친구가 A에 대한 말을 꺼냈습니다.
"그 친구 다 좋은데 걸핏하면
화를 잘 내고 경솔한 게 흠이야."
A에 대한 단점은 여러 친구도 인정했습니다.
이때 마침 A라는 친구가 들어오다 그 말을 듣고는
자신의 단점을 말한 친구의 멱살을 잡아 흔들며 말했습니다.
"내가 언제 화를 잘 내며 경솔한 행동을 했단 말이냐?"
다른 친구가 말리며 말했습니다.
"지금 자네가 하고 있는 행동이 바로 화를 잘 내고
경솔하다는 증거가 아닌가?"

김원각 | 시인

늘 떠나면서도 늘 머물러 있는 바람같이

장군과 찻잔

용맹스럽기로 이름난 한 장군이 평소 애지중지하던
골동품 찻잔을 꺼내어 감상하고 있었습니다.
이리저리 만지다가 갑자기 찻잔이 손에서 미끄러졌습니다.
"아이쿠!"
얼른 찻잔을 움켜잡은 장군의 등에서는 식은 땀이 흘렀습니다.
'천만대군을 이끌고 죽음이 난무하는 전쟁터를 들락거리면서도
한 번도 떨린 적이 없었는데, 어이하여 이까짓 찻잔 하나에
이토록 놀란단 말인가?'
장군은 미련없이 찻잔을 깨어 버렸습니다.

보이는 것에 대한 사랑과 미움, 혹은 집착이 무엇입니까?
마음의 평화와 삶의 지혜를 어지럽히는
보이지 않는 장애가 아닐까요.

이우상 | 소설가

지금

밤 늦은 시간,
막차를 기다리는 두 사람을 보았습니다.
무엇 때문인지 그들은 무척이나 괴로워 보였습니다.
"그때 일만 생각하면 밤에 잠이 안 와"
"난 앞날만 생각하면 아득해. 도무지 희망이 없어"
탄식하던 그들은 버스가 도착했지만
타지 않았습니다.

근처 포장 마차로 들어가는
그들의 어깨가 무거워 보였습니다.

되돌릴 수 없는 과거의 일로, 오지 않은 미래의 일로
당신의 '지금'을 놓치고 있지는 않으십니까?

오세경 | 방송작가

두 가지의 나

하나는 나 속에 갇혀 있고
하나는 세계 속에 나와 있다.

하나는 나 만을 움직이고
하나는 우주를 움직인다.

하나는 물질 속에 갇혀 있고
하나는 허공 속에 함께 있다.

하나는 시간에 묶여 있고
하나는 영원에 통해 있다.

하나는 있는 듯이 없고
하나는 없는 듯이 있다.

김시헌 | 수필가

인내

어리석은 사람이
화를 내며 욕을 퍼부을 때,
나는 침묵과 인내로 그를 다스린다.

내 말을 잘 들어라.
대개 보면 자기의 주장이나 행동이
옳음에도 불구하고
강한 사람 앞에서 참는 것은
그가 두렵기 때문이요.
동등한 힘을 가진 사람 앞에서 참는 것은
싸우기 싫어서이다.

그러므로 자기보다 약한 사람에게
기꺼이 참는 것이 가장 훌륭한 인내이니라.

〈잡아함경雜阿含經〉 중에서

물과 보약

지금 심한 갈증을 느끼고 있는 당신 앞에
물과 보약이 있다면 당신은 무엇을 마시겠습니까?
물론 사람들은 보약이 몸에 좋다고 말합니다.
당신도 보약이 몸에 좋은 줄은 알고 있습니다.
하지만 갈증을 느끼는 당신에게 지금 필요한 것은
오직 물입니다.

흔들리는 삶의 길에서 자기의 의지대로 행하기 보다
주변의 조건 때문에 원하지 않는 길을 가는 경우가 종종 있습니다.
자기가 자기의 주인이 되어 자기 의지대로 행하지 못한다면
좀처럼 삶의 갈증은 해소될 수 없습니다.

장용철 | 시인

완벽한 짝 찾기

두 친구가 있었습니다.
한 친구는 완벽한 여인을 찾고
다른 친구는 수수한 여인을 그렸습니다.
수수한 여인을 만난 친구는 결혼을 했고
완벽한 여인을 찾던 친구는
홀아비로 늙었습니다.

먼 훗날 장터에서 만나
결혼한 친구가 홀아비 친구에게 물었습니다.
"아직도 못 찾았나?"
"응! 딱 한 번 찾긴 찾았지."
"그런데, 왜 아직?"
"응! 그녀도 완벽한 남자를 찾고 있더라구."

법현스님

마음

나룻배를 탄 나그네가 물 속에 그만 칼을 떨어뜨렸습니다.
나그네는 뱃전에다 홈을 팠습니다.
'이렇게 표시를 해두었다가 나중에 칼을 찾아야지!'
그러나 배는 물살을 따라 그 자리를 떠난 뒤였습니다.

잃어버린 칼이나 우리의 마음을
이렇게 찾고 있는 것은 아닌지 돌아보게 됩니다.

맹난자 | 수필가

인생의 일기

삼일은 춥고 사일은 따스한 삼한사온의 겨울 날씨처럼
우리들 인생도 그와 같이 행복과 불행한 날들이 번갈아 듭니다.
두 가닥 새끼줄이 같은 굵기로 꼬여야 튼실한 것처럼
인생살이도 고통과 기쁨이 엮여서 더욱 건강하고 알차게 됩니다
흐린 구비를 돌 때, 맑고 개인 구비를 생각하며
땅에서 넘어진 사람들 땅을 짚고 일어서야 합니다.

장용철 | 시인

행복과 불행

장미빛 꿈을 안고 한 청년이
'행복' 이라는 여자와 결혼했습니다.
그런데 첫날 밤 신혼부부의 방에
어느 낯선 여인이 앉아 있었습니다.
깜짝 놀란 남자가 소리쳤습니다.
"당신은 뉘신데 남의 방에 들어왔소?"

"저는 '불행' 이라는 여자입니다.
'행복' 이라는 여자와는 한 몸이라서
일생을 그림자처럼 따라다닙니다."

남자가 소리쳤습니다.
"잔소리 말고 빨리 나가시오."

그러자 그 여자가 조용히 말했습니다.
"제가 이방을 나간다면
'행복' 이라는 여자도 함께 나가야만 합니다."

김원각 | 시인

약속

눈이 내리는 어느날 밤
반백의 노인이 포장마차에 들어섰습니다.
소주잔을 기울이는 노인이 그날 따라 더
외로워 보였던지 주모가 말을 걸었습니다.
"아저씨, 참한 과수댁이 하나 있는데요."

노인은 은가락지 한 짝을 꺼내보이며
주모에게 말했습니다.
"내레 신혼의 아내와 헤어질 때,
이놈의 가락지 한 짝씩을 나누어 가지고
꼭 돌아오마고 한 약속 지키려고
반 평생을 혼자 살아온 놈이디요!"
노인의 눈에는 물기가 배고,
주모도 더는 말을 잇지 못했습니다.

십여 년 전에 본 그 노인의 안부가 다시 궁금해집니다.

강호형 | 수필가

늘 떠나면서도 늘 머물러 있는 바람같이

관성과 멀미

열차가 멈출 때 앞으로 쏠리던 몸이
떠날 때 뒤로 젖혀지거나,
출렁거리는 배 위에서
멀미를 하는 까닭은
겉과 속이 따로이기 때문입니다.
쏠리지도 젖혀지지도 않고
멀미를 잡으려면
약보다는
앞과 뒤, 겉과 속이 하나되는
마음을 먼저 먹어야 합니다.

법현스님

늘 떠나면서도 늘 머물러 있는 바람같이

36 | 풍경소리1

꼬리와 머리

화가 난 뱀의 꼬리가 머리에게 따졌습니다
"나는 왜 항상 앞서가는 너를 따라가야만 하니?
이번엔 내가 먼저 갈 테다."
앞에 놓여 있는 불을 보고 머리가 한사코 말렸지만
성급한 꼬리는 벌써 돌진한 뒤였습니다.

맹난자 | 수필가

마음의 평화를 원하면

조금 놓아 버리면 조금의 평화가 올 것이다.
크게 놓아 버리면 큰 평화를 얻을 것이다.
만일 완전히 놓아 버리면
완전한 평화와 자유를 얻을 것이다.
그리하여 세상을 상대로 한
그대의 싸움은 끝을 보게 될 것이다.

아짠 차 대선사 | 태국승려

내려놓게

조주스님으로부터 배움을 구하고자 한 제자가 왔습니다.
제자는 선물을 가져오지 않은 것이 미안해서
변명조로 조주스님에게 이렇게 말했습니다.
"이렇게 빈손으로 왔습니다."
"그렇다면 무거운데 거기 내려놓게."
"아무것도 갖고 오지 않았는데 무얼 내려놓으라는 것입니까?"
"그럼 계속해서 들고 있게나."

그대의 마음에서 내려놓아야 할 것은 무엇입니까?

문윤정 | 수필가

함정

의학계에서는 요즘 외과의사의 절대부족 현상이
곧 나타날 것이라는 우려가 높다고 합니다.
손에 피를 흠뻑 묻히면서 째고 꿰매며
상당한 노동력이 요구되는 분야를
지망하는 의학도들이
눈에 띄게 줄어들고 있기 때문입니다.
대신에 가볍게 진료를 끝낼 수 있고
돈도 많이 벌 수 있는 과목으로 몰리고 있다고 합니다.

이렇게 모두가 쉬운 일만 찾고
쉽게 돈을 벌려고만 한다면
그 결과는 어떻게 될까요?

도수 스님

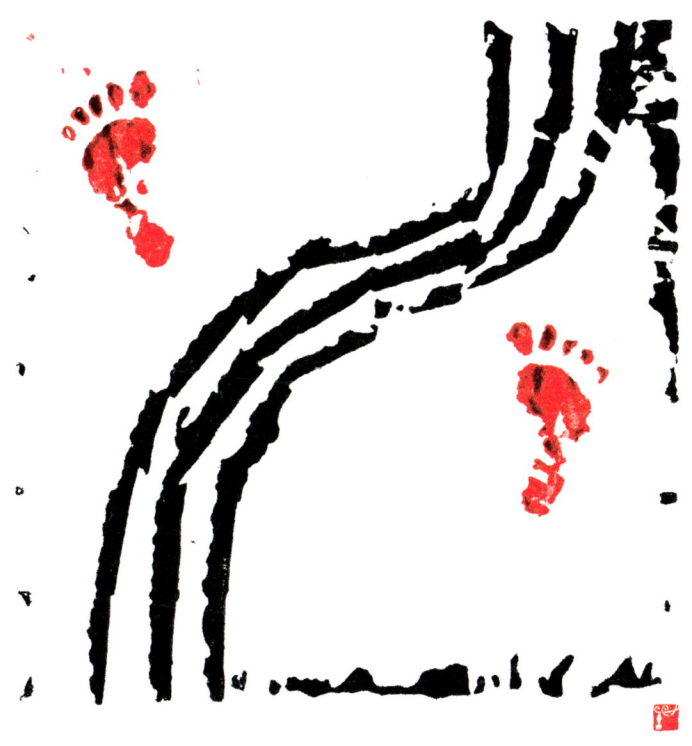

병 속의 새

여기, 입구는 좁지만 안으로 들어갈수록
점점 깊고 넓어지는 병이 있습니다.
조그만 새 한 마리를 집어넣고 키웠습니다.
이제 그만 새를 꺼내야 겠는데
그동안 커서 나오지를 않습니다.
병을 깨뜨려서도 새를 다치게 해서도 안 됩니다.
자, 어떻게 하면 새를 꺼낼 수 있을까요?

김성동 | 소설가

복과 근심

복은 검소함에서 생기고
덕은 겸양에서 생기며
지혜는 고요히 생각하는 데서 생긴다.

근심은 애욕에서 생기고
재앙은 물욕에서 생기며
허물은 경망에서 생기고
죄는 참지 못하는 데서 생긴다.

〈숫타니파타〉 중에서

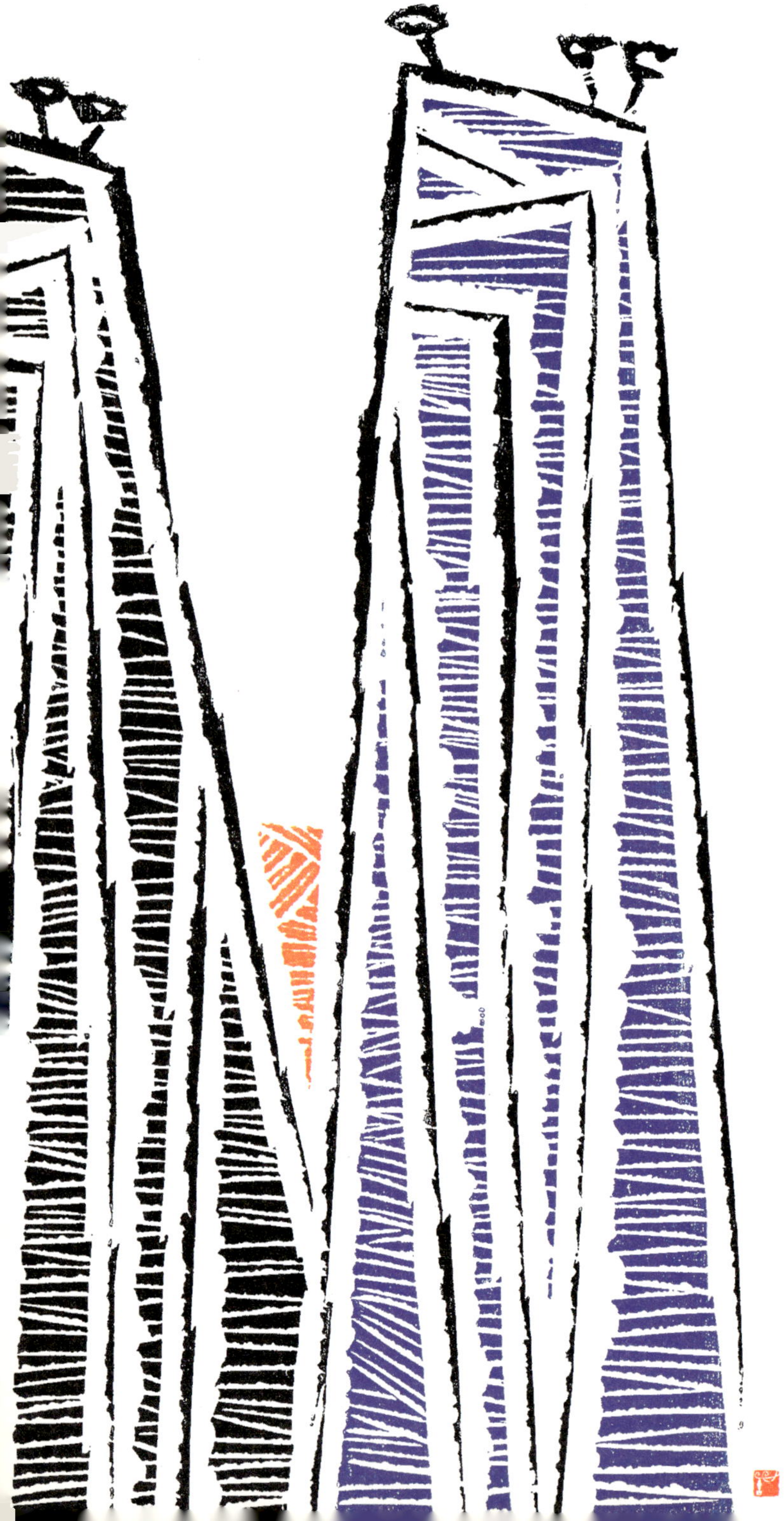

한 생각 바꿨더니

소나무가 진달래에게 말했습니다.
"가지만 앙상한 가을날의 네 모습, 딱도 해라."
진달래가 코방귀를 뀌며 말했습니다.
"눈에도 안 띄는 봄날의 네 꽃은 어떻고?"
소나무는 기분이 나빴습니다.
이런저런 생각에 밤에는 잠도 자지 못했습니다.

이튿날입니다. 소나무가 진달래에게 말했습니다.
"네가 봄에 피우는 그 연분홍 꽃은
정말이지 그렇게 아름다울 수가 없어."
진달래가 환히 웃으며 말했습니다.
"아름답긴 뭘, 눈서리에도 지지않는
너의 그 푸른 잎새야말로 그렇게 미더울 수가 없지."

소나무는 기분이 좋았습니다.
어제는 왜 그렇게 기분이 나빴는지
오늘은 왜 이렇게 기분이 좋은지
소나무는 잘 알게 되었습니다.

정진권 | 수필가

어머니의 마음

어느 나라에 일정한 나이가 되면
부모를 산에 버리는 풍속이 있었습니다.
우리나라 고려장과 비슷했습니다.

한 아들이 노모를 업고 깊은 산으로 들어섰습니다.
숲이 짙은 오솔길로 들어서자
노모는 솔잎을 따서 띄엄띄엄 길에 뿌렸습니다.
아들이 왜 솔잎을 뿌리느냐고 묻자
노모는 힘없이 말했습니다.
"응, 네가 혼자서 돌아갈 때
혹시 길을 잃을까 표시를 해 놓은 것이니
잘 살펴 가거라."

김원각 | 시인

잘못

다른 사람의 잘못을 보기는 쉽지만
자기 자신의 잘못을 보기는 어렵습니다.
다른 사람의 잘못은 쌀 속의 돌처럼 골라내고
자기 자신의 잘못은 노름꾼이 화투짝을 속이듯 감추어 버립니다.

다른 사람의 잘못을 보고
계속해서 그것을 되씹고 있는 사람은
마음의 괴로움만을 쌓아가는 것입니다.
그는 결코 그 마음의 괴로움으로부터 벗어나지 못합니다.

〈법구경法句經〉 중에서

번뇌하는 그대여

세상살이에 곤란 없기를 바라지 말라.
세상살이에 곤란이 없으면
업신여기고 사치한 마음이 생기나니.
이익을 분에 넘치게 바라지 말라.
이익이 분에 넘치게 되면
어리석은 마음을 돕게 되나니.

〈보왕삼매론寶王三昧論〉 중에서

도는 어디에 있습니까

한 선객이 노사(老師)에게 물었습니다.
"도(道)는 어디에 있습니까?"
"바로 눈앞에 있느니라."
"그런데 왜 제게는 보이지 않습니까?"
"너에게 '나'가 있기 때문이다."
"저에게 '나'가 있기에 보지 못한다면 스님께서는 보십니까?"
"네가 있고 내가 있으니 더욱 보지 못한다."
"저도 없고 스님도 없다면 볼 수 있겠습니까?"
"너도 없고 나도 없는데 누가 본단 말이냐."

〈벽암록碧巖綠〉에서

처음 그것

옛날 어느 나라에서는 혼기를 앞둔 딸을 교육할 때
바구니를 들려 옥수수 밭으로 들여 보낸다고 합니다.
'가장 마음에 드는 옥수수를 따오면,
아주 마음에 드는 훌륭한 신랑감을 골라 줄 것' 이라고
약속한다고 합니다.
그러나 딸들은 대개 빈 바구니를 들고 밭을 걸어 나온다고 합니다.
처음에 마음에 드는 것을 골랐으나
'조금 더 가면 더 좋은 것이 있겠지' 하고
자꾸 앞으로만 나가다가 결국은 밭이랑이 끝나
빈 손으로 나오는 것입니다.

멀고 긴 인생의 행로에서 내가 선택할 것이 많으나
참으로 내 것인 것은 그리 많지 않습니다.
처음 내 것이라고 생각한 그것이 소중한 것입니다.

장용철 | 시인

자신을 들여다 보라

만일 사람들이 그대를 나쁘게 말하거든
오로지 자신을 들여다보라.
그들이 틀렸다면 그들을 무시해 버려라.
만일 그들이 맞다면 그들에게 배워라.
어느 쪽이든 화를 낼 필요는 없지 않은가!

아짠 차 대선사 | 태국승려

오줌 누는 자갈

농사에 경험이 없는 젊은이가
흙 속에 박힌 자갈을 전부 주워낼 요량으로
하루 종일 땀을 흘리고 있었습니다.
이를 말없이 지켜보던 동네 노인이 한 마디를 던졌습니다.
"젊은이, 자갈이 오줌을 누는 법이라네.
자갈은 흙 속에 물기를 머금고 있다가 흙이 뜨거워지면
물을 내뿜어 수분을 조절해 주고,
땅에 숨구멍을 내주어
결과적으로 농사에 이로움을 준다네."

우리 삶에도 이런 자갈이 수 없이 박혀있겠지요.
그런데 자갈 탓을 하느라 정작 씨앗 뿌릴 시기를
놓치고 있지는 않은지요.

이명선 | 수필가

두번째 풍경소리

무성한 숲만이
온갖 새들을 다 품을 수 있다

개에게 우유를 먹이는 방법

어떤 사람이 개에게 우유가 좋다는 말을 듣고
붙잡고 앉아 우유를 먹였습니다.
억지로 우유를 먹일때마다
개는 싫다고 몸부림을 쳤습니다.
어느 날 개가 실수로 우유통을 넘어뜨려
바닥에 엎지르고 말았습니다.
그런데 놀랍게도 개가 다시 다가와
핥아먹는 것이었습니다.
그 사람은 그제야 개가 우유를 싫어했던 것이 아니라
자신의 방법이 틀렸다는 것을 깨달았습니다.

자신의 판단만으로 일방적으로 베푸는 것은 애정이 아닙니다.
내가 원하는 방식이 아닌,
상대가 원하는 방식으로 베풀어 주는 것이
진정한 사랑입니다.

장용철 | 시인

석류이야기

우리집 마당에 석류나무 한 그루가 있는데
위도가 높아서 열매는 안 열리고
탐스러운 꽃이 한 달 내내 피었다 지는
모습만 볼 수 있습니다.
그러니 내게 석류는 과실나무가 아니라
꽃이나 보는 관상수일 뿐이었습니다.
그런데 올해 이 석류나무에
열매가 세 개나 열렸습니다.
봄철 내내 이상 난동이 이어지더니
그게 석류한테는 약이 된 모양입니다.
그러니 올해만은 과실나무의 본분을 드러낸 셈이죠.

때가 안되어 능력을 숨기고 있지 않은가,
옆에 있는 친구를 잘 지켜볼 일입니다.

이재운 | 소설가

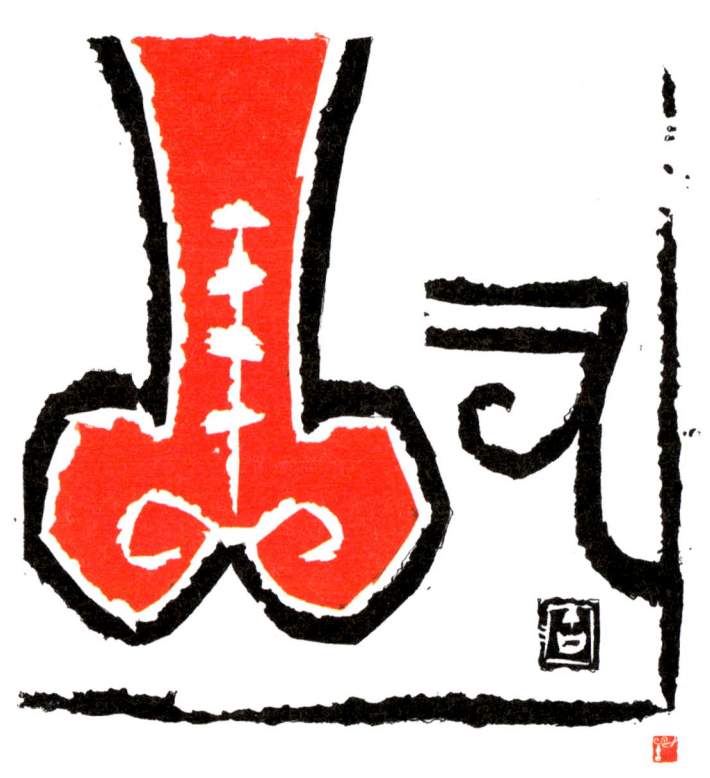

크고 좋은 것

옷을 짓는 데는 작은 바늘이 필요한 것이니
비록 기다란 창이 있다고 해도 소용이 없고

비를 피할 때에도 작은 우산 하나면 충분한 것이니
하늘이 드넓다 하더라도
따로 큰 것을 구할 수고가 필요 없다.

그러므로 작고 하찮다 하여 가볍게 여기지 말지니
그 타고난 바와 생김 생김에 따라
모두가 다 값진 보배가 되는 것이다.

원효대사

좋은 벗

어느 사람이 부처님께 물었습니다.
"어떤 사람이 객지에서 가장 좋은 벗입니까?"
"먼 길을 가는 사람에게
친절히 길을 안내해 주는 사람이다."

"집안에서 가장 좋은 벗은 누구입니까?"
"정숙하고 어진 아내는 집안의 가장 좋은 벗이다."

"세상을 살아가는데 가장 좋은 벗은 누구입니까?"
"서로 화목하게 지내는 일가친척이니라."

"그렇다면 미래의 가장 좋은 벗은 누구입니까?"
"평소에 닦은 선행이 미래의 가장 좋은 벗이니라."

〈잡아함경雜阿含經〉 중에서

부성한 숲만이 온갖 새들을 다 품을 수 있다

꿈

새가 되고 싶다.
물이 되고 싶다.
바람이 되고 싶다.

그 어느 것에도 걸림이 없이
푸른 하늘을 훨훨 날아다닐 수 있는 새라면.

바위를 만나면 바위를 끼고 돌아가고,
산을 만나면 두 팔 가득 보듬어 안고 함께 가며,
가시철망 콘크리트를 만나면 배밀이로 기어가다가,
흙을 만나면 땅 속 깊이 스며들어
마침내는 이윽고 콸콸 차르르 흘러 갈 수 있는 물이라면.

늘 머물러 있으면서 늘 떠나고
늘 떠나면서도 늘 또한 머물러 있을 수 있는 바람이라면.

김성동 | 소설가

큰 뜻

어떤 사람이 바다를 건너다가
귀중한 구슬을 바다에 빠뜨렸습니다.
그러자 그는 바가지로 바닷물을 퍼내기 시작했습니다.
그때 바다의 신이 말했습니다.
"이 많은 바닷물을 어느 세월에 다 퍼내겠느냐?"
그는 말했습니다.
"이 목숨이 끝나고 또 몇 번을 더 태어나더라도 중단하지 않겠다."
바다의 신은 그 뜻이 크고 깊은 것을 알고
구슬을 내주어 돌려보냈습니다.

〈삼매경三昧經〉 중에서

달밤

양관선사의 오두막에 밤손님이 들었습니다.
그렇지만 아무것도 가져갈 것이 없었습니다.
"먼 길을 왔는데 그냥 가서야 되겠는가?
옷을 벗어줄 테니 가져가시게."
밤손님은 옷을 받아들고
뒤도 보지 않고 뛰었습니다.

달빛이 뜨락에 눈부셨습니다.
벌거숭이가 된 선사는 이렇게 중얼거립니다.
"아름다운 저 달빛까지도 줄 수 있었드라면…!"

맹난자 | 수필가

노력

어떤 사람이 이웃마을의, 아름다운 3층 집에 올라가 보고는
목수를 불러 이 집보다 더 좋은 3층 집을 지어달라고 했습니다.
목수는 땅을 고르고 기둥을 세우고
벽면을 쌓기 시작했습니다.

얼마 후,
주인이 목수에게 물었습니다.
"지금 몇 층 집을 짓느냐?"
목수가 대답하였습니다.
"3층 집을 짓기 위해 1층을 짓고 있습니다."
주인이 말했습니다.
"나는 1층과 2층은 필요 없으니 3층만 지어라."

세상에도 이와 같은 사람이 있습니다.
씨앗을 뿌려 가꾸지 않고, 땀을 흘려 노력하지도 않으면서
좋은 결과만을 빨리 얻고 싶어합니다.

〈백유경百喩經〉 중에서

우물에 뜬 달

하늘에 달이 뜨면 우물에도 달이 뜹니다.
옛날 어느 달 밝은 밤이었습니다.
스님 한 분이 물병을 들고 우물에 갔습니다.
맑은 물 위에 달이 환히 떠 있었습니다.
스님은 그 달이 하도 가지고 싶어서
물과 함께 길었습니다.
그리고 방에 돌아와 물병을 기울여 보았습니다.
달은 간 곳 없고 물만 쏟아졌습니다.

우물에 환히 뜬 달은 여간 아름답질 않습니다.
그러나 아무리 아름다워도 진짜 달은 아닙니다.
진짜 달은 하늘에 떠 있습니다.

정진권 | 수필가

무성한 숲만이 온갖 새들을 다 품을 수 있다

차 맛

어느 신도님이 국화차 한 통을 보내왔습니다.
야생국화를 잘 말리고 정성껏 손질해서,
우선 보기에도 깔끔했습니다.
경로잔치를 마치고 봉사요원들과 함께
국화차를 시음하게 되었습니다.
한 잔씩 돌리고 나서 물어 보았습니다.

"맛이 어떻습니까?"
각양각색의 대답들이 나왔습니다.
"조금 쓴맛이 납니다."
"시큼떨떨합니다."
"깊은 단맛이 배어 있습니다."

엄마 옆에 앉아 한 모금 얻어 마시던
여덟 살짜리 아이가 말했습니다.
"스님, 국화차 맛인데요!"

우학스님

악처

어느 날 한 젊은이가 부처님을 찾아와
자기 아내를 악처라고 헐뜯으며 말했습니다.
"부처님, 제 아내를 길들이는 방법을 가르쳐 주십시오."

부처님은 잠자코 있다가 그 청년에게 물었습니다.
"수레에 왕의 깃발을 달고 간다면 그 안에 누가 타고 있겠느냐?"
"왕이 타고 있겠지요."
"백성이 잘 살고 행복하다면
왕이 나라를 잘 다스렸다는 것을 알 수 있느냐?"
"왕이 나라를 잘 다스렸다는 것을 알 수 있습니다."
"반대로 백성이 못살고 사납다면 누구의 책임인가?"
"나라를 잘 다스리지 못한 왕의 책임입니다."

이에 부처님이 말씀하셨습니다.
"그렇다. 그 아내를 보면 남편의 됨됨이를 알 수 있느니라."

〈잡이함경雜阿含經〉 중에서

가슴을 적시는 샘물

무성한 숲만이 온갖 새들을 다 품을 수 있습니다.
사람도 마찬가지입니다.
굳게 가슴을 닫고 사는 사람들,
그들은 남에게 사랑을 줄 수도 받을 수도 없습니다.
따스함이 없는 가슴을 한 번 상상해 보십시오.
마치 끝없는 사막을 걸어가는 것처럼
목마르고 힘겨울 것입니다.

작은 실개천 하나가 넓은 초원을 두루 적시듯,
지치고 힘든 나그네에게 한 모금의 샘물은
곧 목숨의 근원이 됩니다.
따스한 마음은 세상의 가슴을 적시는 샘물입니다.

김영희 | 시인

아름다운 관계

벌은 꽃의 꿀을 따지만 꽃에게 상처를 남기지 않습니다.
오히려 꽃이 열매를 맺을 수 있도록 꽃을 도와 줍니다.
사람들도 남으로부터 자기가 필요한 것을 취하면서
상처를 남기지 않으면 얼마나 좋을까요.
내 것만을 취하기 급급하여 남에게 상처를 내면 그 상처가 썩어
결국 내가 취할 근원조차 잃어버리고 맙니다.

        사람과 사람사이에도
          꽃과 벌같은 관계가 이루어진다면
            이 세상엔 삶의 향기가 가득하지 않을까
        요.

장용철 | 시인

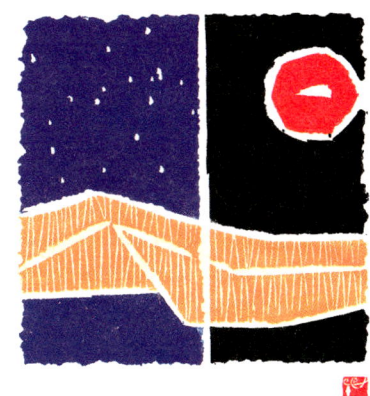

열쇠와 자물쇠

열쇠가 자물쇠에게 말했습니다.
"나 없으면 넌 아무 소용도 없게돼. 잠기지도 풀리지도 못하니까.
그럼 어떻게 되지? 제 구실을 못하는 것은 다 버려지고 말아.
이젠 내 말 알아듣겠니?"
자물쇠는 기분이 언짢았지만 할 말이 없었습니다.

그 뒤로 오랜 세월이 흘렀습니다.
열쇠는 아직도 반짝반짝 빛났지만
자물쇠는 낡아서 더는 못 쓰게 되었습니다.
주인은 자물쇠를 버렸습니다. 그리고는
"그럼 이것도 필요없지." 하고 열쇠도 함께 버렸습니다.
열쇠는 무척 억울했지만 할 말이 없었습니다.

정진권 | 수필가

초대

어떤 큰 부잣집에 생일 잔치가 벌어졌습니다.
옷차림이 허름한 선비가 그 집에 들어가려 하자
문지기가 가로막았습니다.
선비는 자신의 신분을 밝혔으나 결국 쫓겨나고 말았습니다.
선비는 돌아가 좋은 옷을 빌려 입고 왔습니다.
그러자 문지기는 허리를 굽신거리며 들여보냈습니다.
모두들 즐겁게 음식을 먹고 있는데
선비는 자리에 앉아 음식을 옷에다 문지르고 있었습니다.
옆 사람이 왜 그러느냐고 묻자
선비는 대답했습니다.
"이 집은 사람을 초대한 것이 아니라
옷을 초대했으니 음식도 옷이 먹어야 하지 않겠소."

〈지도론智度論〉 중에서

따뜻한 손

K씨는 쓰던 원고를 덮어두고 산책길을 나섰습니다.
공원 앞에 다다랐을 때,
한 노인이 구걸하는 손을 내밀고 있었습니다.
K씨는 급하게 주머니를 뒤졌지만
손에는 아무 것도 잡히지 않았습니다.
떨고있는 허공의 그 손을 K씨는 달려가 덥석 잡았습니다.
'아아!' 전율하듯 노인도 K씨의 손을 마주 잡았습니다.
"싸늘한 동전 몇 닢 던져준 사람은 많았어도
이렇게 따듯한 손은 선생님이 처음이십니다."

석양이 가다 말고 돌아봅니다.
금빛으로 그들의 얼굴은 물들어 갔습니다.

맹난자 | 수필가

행복한 기다림

잘 나가는 친구가 베푼
과분한 술자리에서 돌아오는 길엔
왠지 소화불량 증세로 아랫배가 땡땡합니다.
처지가 어렵게 된 친구를 만나
곱창 안주와 소주를 마시고
술값을 서로 내겠다고 실랑이를 벌이다
집으로 돌아오는 발걸음엔
신명이 슬쩍 실려 있습니다.

막차가 끊어졌을까 싶어 약간은 불안해하는 당신은
지금 어디에서 오는 길입니까?
걱정하지 마십시오.
잠시 후 굉음을 울리며
전동차가 씩씩하게 들어올 것입니다.
지금 당신에겐 흐뭇한 신명이 실려 있네요.

이우상 | 소설가

지혜로운 가르침

물가에서 한 아이가 거북이를 잡아 패대기를 치고 있었습니다.
아무리 내리쳐도 죽지 않자 아이는 신기한 듯
계속 똑같은 행동을 반복했습니다.
그 때 지나가던 어른이 물었습니다.
"아무리 죽이려 해도 죽지 않지?"
"예."
"내가 죽이는 방법을 가르쳐 줄게. 거북이를 물 속에 빠뜨리는 거야.
그러면 틀림없이 죽을 거야."

아이는 그렇겠다 싶어 물 속에 거북이를 던져 버렸습니다.
거북이는 헤엄을 치며 물 속으로 들어가고 있었습니다.
아이의 눈에는 영락없이 거북이가 물에 빠져
허우적거리는 모습으로 비쳐왔습니다.

훌륭한 가르침이란 자연스럽게 받아들여지며
이처럼 모두를 이롭게 합니다.

김원각 | 시인

젓가락

젓가락은 두 개가 하나일 때 제 구실을 할 수 있습니다.
그 중 하나가 없다면 다른 하나도 쓸모가 없습니다.
누구든 항상 가까이 있을 때는 그 존재의 고마움을 모릅니다.
그러나 그 자리가 비었을 때
비로소 그의 존재를 크게 깨닫게 됩니다.

한 쌍의 젓가락,
어쩌면 지구도 들어올릴 수 있는 커다란 힘입니다.

김영희 | 시인

멀리가는 향기

꽃 향기는
바람을 거스르지 못해도
덕행을 쌓은 사람의 향기는
바람을 거슬러
멀리 멀리 시방 세계 퍼진다.

〈아함경阿含經〉에서

부드러운 사람

제자가 스승께 여쭈었습니다.
"어떤 이가 부처입니까?"
스승이 대답했습니다.
"부드러운 사람이 부처지."
제자가 다시 여쭈었다.
"어떤 것이 부드러움입니까?"
스승이 대답했습니다.
"여유롭고 한가하면서도 고요하고 섬세한 것.
서걱거리는 것이 완전히 제거되어 자연스러움 그 자체인 것.
원만하고 원융한 그것이 부드러움이지."

당신의 부드러운 말 한마디.
여유로운 발걸음.
고요한 마음. 따뜻한 미소….
당신은 이미 부처입니다.

오세경 | 방송작가

궁핍

가난한 형과 한 나라의 왕인 동생이 있었습니다.
동생은 형이 사는 도시의 시장에게 돈을 주면서
형을 도와 주라고 부탁하였습니다.
시장이 형을 찾아가 돈을 건네려 하자
형이 말했습니다.
"나에게는 돈이 필요 없습니다.
제게 줄 돈이 있다면 그것을
부자들에게 나누어 주십시오."

얼마 후, 동생이 형을 찾아가 물었습니다.
"왜 돈을 가난한 사람에게 나누어 주라고 하지 않고
부자들에게 주라고 했습니까?"

형이 대답했습니다.
"부자들은 항상 더 많은 돈을 바라네.
그러니 그들은 정말 가난한 사람보다
더 궁핍한 자들이 아닌가?"

김원각 | 시인

너구리 새끼

어느 날 원효가 대안대사를 만났더니
어미 잃은 너구리 몇 마리를 들고 있었다.
대안대사는 마을에 들어가 젖을 얻어 올 테니
새끼를 보살펴 달라고 부탁했다.
그런데 얼마 안돼 새끼 한 마리가 굶주려 죽었다.
원효는 너구리가 극락에 왕생하라고 아미타경을 읽어 주었다.
그때 대안대사가 돌아와 원효에게 무엇을 하느냐고 물었다.
"이놈도 영혼이라고 왕생하라고 경을 읽는 중입니다."
"너구리가 그 경을 알아 듣겠소?"
"너구리가 알아 들을 경이 따로 있습니까?"
대안대사는 얼른 너구리에게 젖을 먹이며 말했다.
"이것이 너구리가 알아듣는 〈아미타경〉입니다."

조오현 스님의 〈벽암록 역해〉에서

무성한 숲만이 온갖 새들을 다 품을 수 있다

세번째 풍경소리

비워야 채울 수 있다

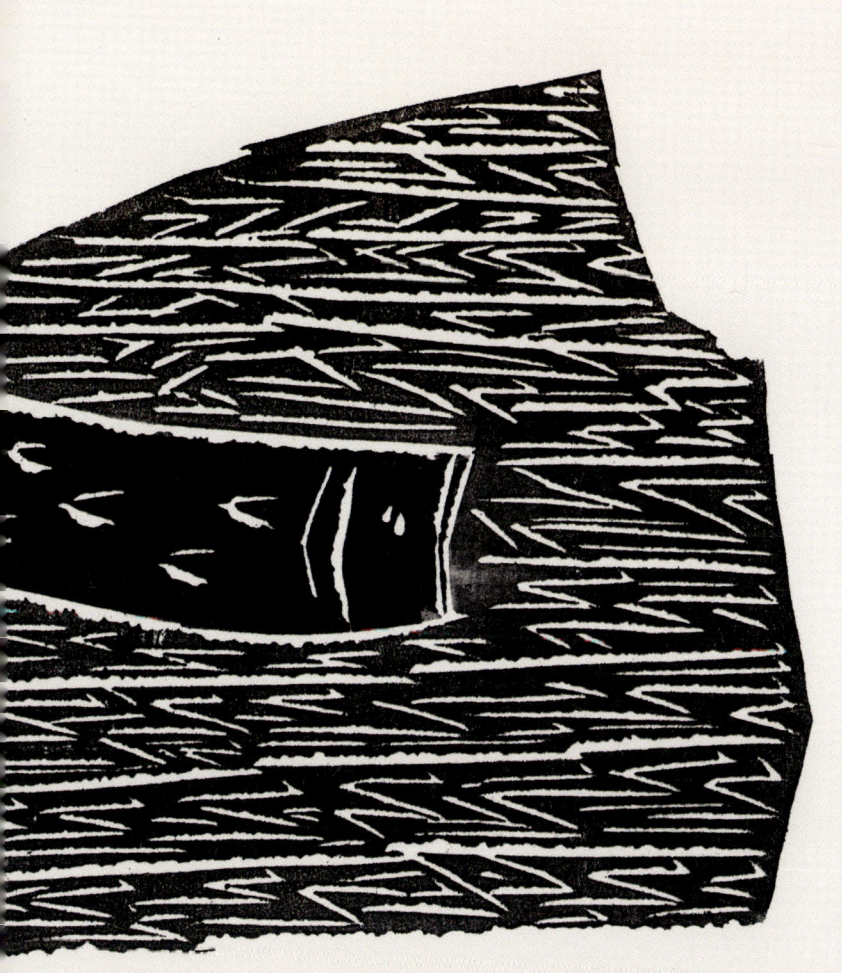

하루를 살듯이

일을 시작함에
평생동안 할 일이라 생각하면
어렵고 지겹게 느껴지는 것도
하루만 하라면 쉽고 재미있습니다

슬프고 괴로워도
오늘 하루만이라고 생각하면
견딜 수 있습니다.

백 년도 하루의 쌓임이요,
천 년도 오늘의 다음날이니
하루를 살 듯
천 년을 살아보면 어떨까요.

법현스님

땅에서 넘어진 자

땅에서 넘어진 자
땅에서 일어난다.

- 고려 보조국사

우리가 사는 현실이 아무리 괴롭고 힘들어도
현실을 버리고 살 수는 없습니다.
발을 땅에 붙이지 않고 허공에 설 수 없듯이
인간의 행복은 바로 삶의 현장에서 이루어집니다.
마치 대지에서 온갖 꽃이 피어나고
강물이 온갖 생명을 품듯이.

윤소암 | 시인, 평론가

뭣하러

한 고승이 생선 가게 앞을 지나면서 말했습니다.
"음... 저 생선 참 맛있겠다."
옆을 따르던 어린 제자가 듣고 절 입구에 이르자
더는 못 참겠다는 듯이 입을 열었습니다.
"아까 그런 말씀, 스님이 해도 됩니까?"

그러자 고승은 조용히 꾸짖었습니다.
"이 놈아, 뭣하러 그 생선을 여기까지 들고 왔느냐?
난 벌써 그 자리에서 버리고 왔다."

김원각 | 시인

고승의 등

어느 고승 밑에 많은 제자가 공부하고 있었습니다.
하루는 고승이 밤늦게 산책하다가
몰래 담을 넘어 오는 제자들을 발견했습니다.
술을 마시러 마을로 갔다 오는 것이었습니다.
며칠 뒤 다시 마을로 갔던 제자들이 새벽녘에
발판을 밟고 담장 안으로 내려섰습니다.
그러나 그것은 발판이 아니라 고승의 등이었습니다.
고승이 말했습니다.
"이른 새벽에는 공기가 차다. 감기 들지 않도록 조심해라."
다시는 담을 넘는 제자가 없었습니다.

김원각 | 시인

실천

당나라 시인 백낙천이 물었습니다.
"어떻게 수행해야 합니까?"
조과 선사가 대답했습니다.
"나쁜 짓 하지 말고 선행을 하여라."
"그런 것쯤이야 세 살 먹은 아이도 아는 말입니다."
이에 조과 선사가 말했습니다.
"세 살 먹은 아이도 쉽게 알 수 있으나,
백 살 먹은 노인도 실천하기는 어렵다."

김원각 | 시인

영안실에서

친구의 조문을 마치고 나온 두 사람이 말했습니다.
"온 날짜는 알아도 가는 날은 모른다더니 그 말이 꼭 맞군."
"언제 갈지 모르는데 이제부터라도 나를 위해
좋은 옷과 좋은 음식을 해 주고 싶어."
"소중하고 아름다운 것들을 느껴보지 못하고
나를 그냥 죽게 하는 건 내 생명에 대한 예의가 아닌 것 같아.
삶의 평안과 깨달음의 기쁨을 느끼게 해 주고 싶어."

영안실을 나와 그들은 각자의 길로 향했습니다.

오세경 | 방송작가

안전거리

차와 차 사이에
안전거리가 필요하듯이
사람과 사람 사이에도 안전거리가 필요합니다.
자기 욕심에만 어두워 분별심을 잃고
인간관계의 안전거리를 무시하면
돌이킬 수 없는 상처를 남기고
'불행' 이라는 견인차에게 견인 당하게 됩니다.

어린나무를 심을 때 일정한 간격을 유지하는 것처럼
건강한 인간관계의 지속을 위해서는
함께 지키고 존중해야 할 안전거리가 있습니다.

장용철 | 시인

공(空)

씨앗을 쪼개 본다.
아무 것도 그 속에 숨어 있는 게 없다.
어디 있다 왔는가 꽃들은?
어디서 왔다가
어디로 사라지고 있는가?

김재진 | 시인

어리석은 나그네

나그네가 강가에 이르렀습니다.
마침 주인 없는 나룻배가 있어
강을 무사히 건널 수 있었습니다.
그 나룻배가 너무 고마워
나룻배를 등에 지고 여행길에 오른다면
사람들은 그를 어리석다 할 것입니다.

문득 우리를 돌아볼 때,
우리는 버려야 할 것들을
너무 많이 등에 지고 살아가는
나그네가 아닌가 합니다.

강현미 | 시인

우리집의 주인은 누구인가?

우리집은 너른 대지에 양옥 한 채, 창고 한 동,
그리고 오백 년생 은행나무 한 그루,
백 년생 느티나무 한 그루,
한 오십 년쯤 된 잣나무와 벚나무와 목련,
이십 년생 이하의 단풍나무, 전나무,
불두화나무, 뽕나무, 개나리들이
저마다 자리를 잡고 있습니다.

물론 사람도 살지요, 나하고 아내하고 딸이 있습니다.
그리고 도자 돌림인 우리집 강아지 여덟 마리가
문 밖을 내다보면서 엄중 감시하고 있습니다.

개미는 아마 수만 마리가 살 것입니다.
텃밭에 둥지를 튼 대형 개미굴만 세 군데가 있습니다.
또 왕벌집도 하나 있습니다.
내가 가까이 다가가면 저희집 근처에는
얼씬거리지도 말라며 성을 냅니다.
지렁이는 평당 열 마리씩만 잡아도 대략 오천 마리쯤 사는 셈인데
실제는 그보다 훨씬 많을 것입니다.

그밖에 까치, 모기, 나방, 등에, 벼룩 따위까지 따지면
천문학적인 숫자가 될 것입니다.

참 텃밭도 있습니다.
거기 옥수수, 들깨, 상추, 쑥, 명아주, 고추, 배추,
무, 씀바귀, 호박, 꽈리 등이 있습니다.
요즘 햇빛이 좋다 보니 이놈들 자라는 게
여간 요란한 것이 아닙니다.

그러다 보니 이집의 주인이 누구인지 모르겠습니다.
나보다 이 집에 오래 살아 온 나무들인지
대대로 새끼를 치며 살아가는 벌인지, 아니면 지렁이인지
또는 왕국을 건설하고 살아가는 개미들인지 모르겠습니다.
하여튼 난 그들 앞에서 감히 주인이라고 말하지 못하겠습니다.

이재운 | 소설가

이밖에 더 무엇을

흐르는 개울물에 두 발을 씻고
다가선 산 빛에 두 눈을 맑힌다.
세속의 욕망은 꿈도 꾸지 않나니
이 밖에 더 무엇을 구하겠는가?

진각국사

세상살이

어느 때 가장 가까운 것이
어느 땐 가장 먼 것이 되고

어느 때 충만했던 것이
어느 땐 빈 그릇이었다.

어느 때 가장 슬펐던 순간이
어느 땐 가장 행복한 순간으로 오고

어느 때 미워하는 사람이
어느 땐 사랑하는 사람이 되었다.

오늘은
어느 때 무엇으로 내게 올까.

김춘성 | 시인

세상의 모든 풀들이 약초이듯이

부처님의 주치의였던 기바가 의사 수업을 받을 때의 일입니다.
어느 날 스승이 기바에게 망태를 던져 주면서 말했습니다.
"약초를 캐 오너라. 이것이 마지막 시험이다."
그는 며칠이 지나서야 그것도 빈 망태인 채로 돌아왔습니다.
"약초는 캐오지 않고 어디를 갔다 왔느냐?"
"스승님, 세상에 약초 아닌 것이 없었습니다.
온 천지가 약초뿐인데 어떻게 다 담아올 수가 있겠습니까?"
기바의 말을 듣고 스승은 그를 의사로 인정하였습니다.

세상에 약초 아닌 것이 없듯이
존재하는 모든 것은 존재의 가치가 있는 것입니다.

문윤정 | 수필가

자신의 심지를 굳건히 하라

오늘부터 아니라, 먼 옛날부터
사람들은 서로 헐뜯나니.
말이 많아도 비방을 받고
말이 적어도 비방을 받고
말이 없어도 비방을 받고……
비방 받지 않는 사람 세상에 없다.

비방만 받는 사람, 칭찬만 받는 사람 없었고
또 앞으로도 없을 것이다.
칭찬도 비방도 속절없나니
모두가 제 이름과 이익을 위한 것일뿐.

〈법구경〉에서

수레와 소

"무엇을 하고 있는가?"
"부처가 되려고 이렇게 앉아 있습니다."
다음날 스승은 제자 앞에 다가가 벽돌을 갈았습니다.
"벽돌을 갈아 무엇에 쓰려고 그러십니까?"
"거울을 만들려고 하네."
"저의 어리석음을 말씀하고 계시는군요.
그럼 제가 어찌해야 합니까?"
"수레가 가지 않을 때 수레를 탓해야 하는가,
소를 다그쳐야 하겠는가?"

깨달음의 삶이란 가만히 앉아 좌선만 한다고 구해지는 것이 아니라
날마다 새롭게 자신을 다그쳐가야만 한다는 이야기입니다.
수레가 환경을 비유한다면, 소는 바로 자신을 가리킵니다.
당신은 지금 수레를 탓하고 있습니까, 소를 다그치고 있습니까?

정찬주 | 소설가

거울

한밤중에 도둑이 빈 집을 털고 있었습니다.
손전등을 비추며 정신없이 세간을 뒤지고 있을 때,
험상궂게 생긴 괴한이 불쑥 나타났습니다.
소스라치게 놀란 도둑은 반사적으로 칼을 뽑아 들었습니다.
그러자 괴한도 똑 같은 자세를 취하며 노려보는 것이었습니다.
다음 순간 도둑은 그만 맥이 풀려
그 자리에 풀썩 주저앉고 말았습니다.
"저 놈이 나로구나. 내가 괴한이로구나!"
도둑은 거울에 비친 자기 모습에 놀랐던 것입니다.

지금 거울 속의 나는 어떤 모습일까요?

강호형 | 수필가

나누면 남는다

어느 사람이 대중을 향하여 물었습니다.
"작은 솥 하나에 떡을 찌면 세 명이 먹기도 부족합니다.
그러나 천 명이 먹으면 남습니다.
그 이유를 아시는 분?"
아무도 답을 하지 못했습니다.
그때 멀찌기 서 계시던 노스님이 말했습니다.
"서로 다투면 모자라고 나누면 남지."

〈송고승전宋高僧傳〉 중에서

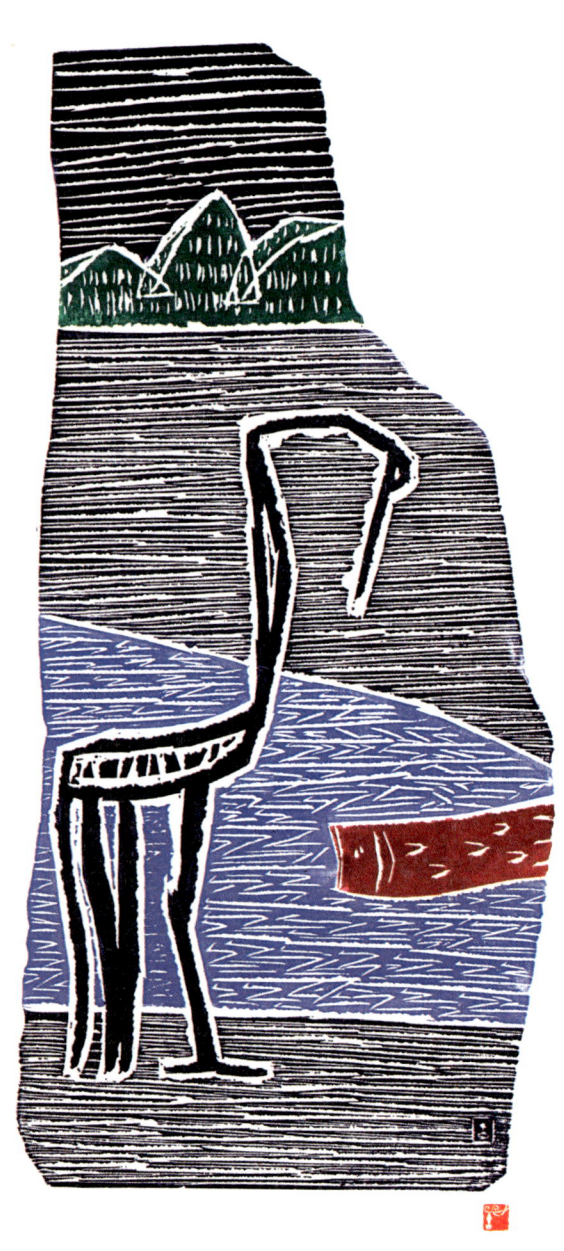

화합을 일구는 배려

자이나교도인 시하 장군이
부처님의 설법을 듣고 큰 감명을 받았습니다.
장군은 부처님에게 자신을 제자로
받아줄 것을 부탁했습니다.
그러나 부처님은 말했습니다.
"시하 장군, 다시 한 번 잘 생각해 보세요.
당신처럼 명망 있는 사람은 신중하게 행동해야 합니다."
장군은 놀랐습니다.
다른 사람이었다면 깃발을 들고 시내를 돌아다니며
자신의 개종사실을 선전했을 것이기 때문입니다.

더욱 깊고 진실한 존경심으로 뜻을 굽히지 않는 장군을
부처님은 조건부로 받아들일 수 밖에 없었습니다.
"시하 장군, 하지만 앞으로도 계속해서
자이나교 교단에 보시하고
자이나교 수행승들에게 공양해야 하오."

박경준 | 동국대 교수

그물에 걸리지 않는 바람같이

그물에 걸리지 않는 바람같이
욕망은 실로 그 빛깔이 곱고 감미로우나
이것이 내게는 재앙이고 종기이고
화이며 질병이며 화살이고 공포일지니
모든 번뇌의 매듭을 끊어 버리고
소리에 놀라지 않는 사자같이
그물에 걸리지 않는 바람같이
흙탕물에 젖지 않는 연꽃같이
무소의 뿔처럼 홀로 가거라

〈숫타니파타〉 중에서

비워야 담는다

어느 학자가 선사를 찾아 뵙고 물었습니다.
"불교의 진리가 무엇입니까?"
"차나 한 잔 드시지요."
선사는 찻잔이 넘치게 차를 따랐습니다.
"스님, 그만 하시지요. 차가 넘칩니다."
"당신은 지금 이 찻잔과도 같이 가득 채워져 있소.
그러니 내가 무슨 말을 하여도 넘쳐 흐를 뿐,
담겨지지 않을 것이요."

마주 앉은 사이로 침묵이 흘렀습니다.
두 사람은 그대로 산이 되어 버렸습니다.

맹난자 | 수필가

어머니와 할머니

올해 예순아홉이신 장모님을 모시고 삽니다.
말이 모시는 거지 실은 살림을 도맡아 하시므로
어머니가 자식들을 데리고 사시는 셈입니다.
딸과 손녀의 투정에도 무조건 즐거워하십니다.
나이 쉰에 남편을 떠나 보낼 때까지
하루도 마음 편할 날 없이 모진 인생을
살아온 어머니한테는 그나마도
행복이기 때문입니다.

그러나, 그러던 행복도 겨우셨는지
그만 삐끗한 것이 탈골이 되고 말았습니다.
어제까지는 어머니가 늙었다는 생각조차 하지 못할 만큼
힘든 살림도 척척 해내셨습니다.
그러므로 그냥 어머니일 뿐이라고 밖에 느끼지 못했습니다.
그러나 어머니는 역시 칠순을 눈앞에 둔 할머니였습니다.
어머니가 누우시면서 거실 바닥의 먼지도 뽀얗게 잘 보였습니다.
마당의 잡초는 왜 그렇게 쉬 자라고,
쉬임없이 나는지 알 수 없습니다.

이재운 | 소설가

걸어서 갈께요

어느 봄날, 연못가에서 병아리가 울고 있습니다.
오리가 병아리를 위로하며 시범을 보입니다.
"이렇게 헤엄을 쳐서 엄마에게 가 보렴."
다음엔 토끼가 나타나서 거듭니다.
"나처럼 뛰어서 가보렴."
꿀벌은 또 웅하고 날아 보입니다.
그러나 뛸 수도 날 수도 헤엄도 칠 수 없는
병아리입니다.

낙담을 한 병아리는 탄식의 외마디 소리를 지릅니다.
건너편의 어미닭은 깜짝 놀랍니다.
"아가야, 왜 그러니?"
"나, 엄마한테 가고 싶어서…."
"아가야, 연못 둘레를 천천히 걸어서 오려므나."

맹난자 | 수필가

성패의 갈림길

제자가 부처님께 물었습니다.
"부처님, 세상 사람은 제각기 직업을 가지고 사는데,
어떤 이는 성공하고 어떤 이는 실패합니다.
그 이유는 무엇입니까?"
부처님이 말씀하셨습니다.
"어리석은 사람은 자기가 할 수 있는 일은 하지 않고
할 수 없는 일을 하려고 애쓴다.
그러나 지혜로운 사람은 할 수 없는 일은 하지 않고
할 수 있는 일에 온 힘을 바친다."

〈증일아함경增一阿含經〉 중에서

뒷간을 단청하랴

바가지는 물이 새어서는 안되지만
쌀을 이는 조리는 물이 새지 않으면 쓰지 못합니다.
바퀴는 둥글어야 하지만 바퀴의 축은 각이 져야 합니다.
단청이 잘 되어야 전각도 제 모습이 살지만
그렇다고 뒷간을 단청하면 놀림감이 됩니다.

사회에 영향력 있는 사람 치고 저서 없는 이 없지만
이름 없는 문인의 글에 미치지 못합니다.
제 몫은 하지 않은 채 다른 몫을 기웃거리며
우쭐대려 하는 이에게 서산 스님은 일갈 했습니다.
"뒷간을 단청하랴!"

서동석 | 수필가

자비

모두가 탈없이 잘 지내기를,
모든 이가 행복하기를!
살아있는 생물이면 어떤 것이건 모두 다,
약한 것이거나 강한 것이거나
길거나 크거나 아니면 중간치거나
또는 짧거나 미세하거나 거대하거나
눈에 보이는 것이거나
눈으로 볼 수 없는 것이거나
또 멀리 있거나 가까이 있거나
태어났거나 태어나려 하고 있거나
모두가 탈없이 잘 지내기를
모든 이가 행복하기를!

〈자비경慈悲經〉 중에서

풍경소리 1

개정 7쇄 발행 | 2015년 6월 15일

글 | 풍경소리
전각 | 고암 정병례
펴낸이 | 이용성

편집주간 | 김원각
디자인 | 김효중

펴낸곳 | 풍경소리
등록일 | 2006. 8. 30
등록번호 | 제307-2006-41호
주소 | 서울시 성북구 보문로 38길 11 돈암동일하이빌 309호
전화 | 02-736-5583
팩스 | 02-928-5586
홈페이지 | www.pgsori.net

ⓒ풍경소리 · 정병례, 2007
• 저자의 허락 없이 내용의 일부를 인용하거나 발췌하는 것을 금합니다.
• 잘못된 책은 본사나 구입하신 서점에서 바꾸어 드립니다.
• 가격은 뒤표지에 있습니다.

ISBN 978-89-959817-0-2 03200